Couverture supérieure manquante

NOTICE HISTORIQUE

SUR

LA PAROISSE DE CHORANCHE

PAR

L'abbé L. FILLET

Curé d'Allex (Drôme)

La longue et étroite montagne qui sépare Die de Grenoble, est partagée dans sa largeur par une découpure qui laisse la rivière de la Bourne descendre du Villard-de-Lans au Royans, où elle se jette dans l'Isère.

Après avoir parcouru un étroit défilé entre Méaudre et Valchevrière, puis entre Rencurel et le Vercors, la Bourne entre enfin dans un défilé moins étroit, et peu à peu dans une vallée résultant d'une dislocation plus sensible de la montagne. Enfin, elle quitte cette vallée, pour déboucher à Pont-en-Royans à travers des rochers abrupts et une sorte d'abîme formant le fond et l'extrémité de la découpure, du côté de la plaine.

Cette vallée est le pays dont nous allons étudier l'histoire religieuse. Son versant septentrional, à droite de la Bourne, est appelé Choranche; l'autre versant, plus étroit et moins habité, est appelé Châtelus. Nous comprendrons ce dernier dans notre étude; car, s'il a formé jadis une paroisse distincte et d'un diocèse différent, si aujourd'hui il fait encore une commune à part, cependant il est annexé depuis le commencement de notre siècle à la paroisse de Choranche. Toutefois, l'ordre et la clarté exigent qu'après avoir rapporté ce qui regarde Choranche même, nous réunissions dans une seconde partie ce qui se rapporte spécialement à Châtelus.

Au surplus, le bénéfice de Choranche, ses deux églises, ses confréries, ses institutions charitables et scolaires ; le bénéfice de Châtelus, son église, une chapelle et une école, résument les objets à passer en revue.

I. — CHORANCHE

Bénéfice. — Le peu que nous dit de deux églises de Choranche (*de Chauranchis* vers 1110, *de Chaurenciis* vers 1376, *de Cheurachiis* et *Cheuranchiis* en 1395) un pouillé du diocèse de Grenoble rédigé vers 1110, prouve que le bénéfice existait antérieurement. Mais on ne sait qui possédait alors celui-ci, et d'autres documents, rédigés au XIIIe siècle, ne nous renseignent pas sur ce point. Du reste, les révolutions et le droit du plus fort amenaient alors dans la possession des bénéfices et biens ecclésiastiques des changements fréquents, souvent violents. Cependant des actes de 1285 nous apprennent que le prieuré de Pont-en-Royans, outre l'église de ce lieu, avait d'autres églises dont le service lui incombait, et il est raisonnable de comprendre parmi elles celles de Choranche, qui lui appartenaient au siècle suivant.

En effet, dès 1361, le prieur de Pont-en-Royans retirait annuellement des dîmes de Choranche 15 setiers froment, 15 setiers blé brun et 30 setiers de vin, mesure du Pont, payables à la Toussaint, et une pension de 3 sols 1 denier payable le Jeudi-Saint (1).

Un inventaire du prieuré du Pont fait en 1406, nous prouve à son tour la dépendance de Choranche vis-à-vis de ce prieuré. Il porte formellement que *l'église paroissiale de Choranche, soit son curé, comme*

---

(1) Ul. CHEVALIER. *Polypt. gratianop.*, n° 245 ; *Visites de Gren.*, p. 88. — MARION, *Cartul. S. Hug.*, pp. 193 et 278-9. — Archives de la Drôme, fonds de Ste-Croix, *Inventaire.*

sujet audit prieuré, faisait et avait coutume de faire à ce dernier 26 florins d'or de pension par an (1). Une transaction du 27 septembre 1481, entre le prieur du Pont et le curé de Choranche, nous explique ces termes de l'inventaire. Cette transaction dit que les dîmes de Choranche appartiennent à ce prieur ; que ce curé, ci-devant fermier de ces dîmes, les tiendra du même prieur « sa vie durant pour sa portion congruë, et outre ce en payera au prieur 26 florins par an, et en passera reconnaissance audit prieur de trois en trois ans, et, venant à y manquer, le présent contrat sera nul et le prieur disposera des mêmes dixmes comme il avisera. »

La possession du bénéfice de Choranche fut pour le prieur du Pont l'occasion de difficultés avec les Chartreux de Bouvante.

Ceux-ci avaient depuis longtemps à Choranche des vignes auxquelles ils en ajoutèrent deux par échange et deux par achat. Ils prétendaient pour ces vignes à la franchise des dîmes accordée à certains ordres religieux pour leurs clos et jardins et pour les terres exploitées à leur compte. Le prieur du Pont réclamait. Après des pourparlers, il y eut, le 8 août 1483, transaction entre les parties. Cet acte exempta les Chartreux de la dîme, à condition d'acheter un baral de vin de pension à raison des deux vignes achetées, et de le céder au prieuré du Pont. Cette pension fut en effet achetée le 6 mars 1484, au prix de 8 florins, et cédée à ce prieuré. Mais, plus tard, les Chartreux ayant acquis d'autres fonds, n'en payaient pas la dîme. Le prieur du Pont les mit en instance devant le vibailli de Saint-Marcellin, en 1626, pour le payement de 10 années d'arrérages. Les Chartreux « demandèrent lettres déclinatoires devant la Cour, où le procès fut instruit ; » mais les procédures furent arrêtées par la mort du procureur des Chartreux et par celle du prieur du Pont.

L'instance, reprise devant le baillage en 1655, puis reportée devant la Cour, alla jusqu'à communication d'écrits, mais resta encore sans décision, par suite du besoin que Darliac, prieur du Pont, eut du prieur es Chartreux en une affaire épineuse. Telle est, du moins, la

---

(1) « Perrochialis ecclesia Choronchiarum seu curatus ejusdem, tanquam subdictus predicto prioratui Pontis, facit annuatim et facere consuevit dicto prioratui videlicet xxvi flor. auri pensionales. » (Arch. de la Drôme, fonds de Ste-Croix, orig. pap. lat.).

raison donnée de cette nouvelle suspension de l'affaire, dans un mémoire de 1679 « sur les prétentions du prieuré du Pont-en-Royans contre les Chartreux pour le dixme de leur cellier ».

Les biens des Chartreux à Choranche étaient assez considérables. En 1617, ils consistaient principalement en un « tènement de celier, vigne, maison, terre, tout joint ensemble, sittué en la parroisse de St-Etienne-de-Choranche, lieu dit *au clot des Salomonds,* » et « confrontant au grand chemin tendant du Pont en Choranche du levant et du vent (1). » L'expression de *vès loù Chatroux,* par laquelle on indique encore, dans le patois local, le lieu où étaient ces biens, rappellera longtemps de son côté leur possession par la Chartreuse de Bouvante. Celle-ci en fut dépouillée, comme de ses autres biens, par la Révolution. On distingue encore dans la maison, naguère possédée par M. Chabert, à qui elle venait de la famille Bourne, la chambre munie d'une fenêtre ovale et qui était la chapelle des bons disciples de saint Bruno.

Mais reprenons ce qui regarde directement notre bénéfice.

Le grand pouillé du diocèse de Grenoble de 1497 se contente de dire que l'église paroissiale de Choranche, avec son annexe de Sainte-Marie, est du patronage du prieuré du Pont. Il ne nous dit pas quels revenus celui-ci retirait de la paroisse; mais des documents plus récents nous montrent le prieuré possédant dès 1561 quelques droits de directe à Choranche. Ainsi, le 8 mai de ladite année, Pignier, bourgeois du Pont, lui passait reconnaissance pour une vigne située sous l'église St-Etienne, avec cense de 2 coups froment et 19 deniers, et le plait accoutumé ; et pour une autre vigne, en la même paroisse, *sous le Rochas,* avec cense de 1/2 quarte seigle, 1/2 geline et 3 deniers bonne monnaie, et le plait accoutumé. D'autre part, le prieuré passait en août 1604 un arrentement des dîmes de Choranche où le millet est énoncé avec les autres grains. Un acte de 1634 dit que le prieur possédait comme curé primitif et depuis une époque antérieure à 1556 trois terres situées vers « Saint-Etienne-de-Belair ou de Chorenches », lesquelles, étant « de l'ancienne fondation de l'église »,

---

(1) Arch. de la Drôme, fonds de Ste-Croix, notes du xviie siècle; — *Not. hist. sur la famille Terrot,* p. 129-30.

avaient été jusqu'en 1634 exemptes de toutes charges et contributions. D'autres témoignent du droit de nomination à la cure de Choranche attaché au prieuré du Pont et appartenant alors à l'abbé de Saint-Antoine, qui en usait encore en 1690.

En vertu d'un arrêt du 30 mars 1648, rendu par le Parlement de Grenoble, les habitants de Choranche devaient livrer au prieur la dîme des blés et du vin « sur le champ et avant que de placer, en avertissant néantmoins par préalable, sans préjudice de la dixme prétenduë concernant le chanvre et les agneaux ». Quant à la cote, les paroissiens de Choranche, assemblés le 12 mai 1647, avaient délibéré « de payer le dixme des agneaux au 13°, sans accumuler, et de défendre pour raison de ce contre le prieur du Pont. » En effet, une transaction du 5 octobre 1648 porte que le prieur prendra chaque année « le 13° des agneaux, et qu'on recommencera le compte pour prendre de rechef le 13°; et, s'il arrivoit que lesdits agneaux n'arrivassent pas aud. nombre de 13, il en sera payé pour chaque agneau 1 sol 6 deniers de dixme, sans pouvoir accumuler ce qui restera pour les autres années suivantes. » La dîme du vin était payable en raisins à la cote 26° et « portable aux frais des habitans jusques à la première porte du prieuré. »

En 1670, le prieuré retire de ses vignes de Choranche 15 charges, de la dîme du vin de ce lieu 70 charges, de celle des agneaux 25 livres, de celle des grains et légumes 16 sétiers froment, 7 quartaux fèves, 2 quartaux orge, 2 quartaux size, 2 quartaux vesons, 2 quartaux « heroy. »

En 1679, « tout le dixme de la paroisse de Choranches » pour les grains, vin et agneaux, avec une vigne et d'autres petits fonds que le prieuré y possède, s'arrentent 550 livres par an, payables 200 livres à Noël, 200 à Pâques, 150 à la mi-août, et 4 charges de vin à la vendange. Les dépenses du prieuré pour Choranche sont : 200 livres par an au curé pour sa portion congrue comme en 1673, 15 livres aux pauvres pour leur 24°, et les décimes.

Une déclaration de 1693 attribue au prieuré, avec les dîmes de Choranche, « un petit terrier aud. lieu » et « 28 fessorées de vigne » à son « finage; » et l'*état* annuel du prieuré pour 1717 compte pour led. lieu : en recettes annuelles, 480 livres de la rente des dîmes, y compris le terrier, avec moitié des lods, évalué à 30 livres dans le contrat de 6 ans à finir en 1719; en dépenses, avec les divers impôts du temps et la 24ᵉ des pauvres, la portion congrue du curé, montant à 300 livres et ses novales en grains, évaluées à 25 livres.

Une déclaration de 1728 porte qu'en 1719 dîmes et terrier furent arrentés 500 livres, mais que « malheureusement il arriva en 1721 une inondation si grande, qu'elle endommagea si fort ce pays cy, qu'on fut obligé de rabattre » aux fermiers 60 livres par an. Elle ajoute que le prieuré faisait alors cultiver à son propre compte sa vigne de Saint-Etienne, et que les dépenses montaient à 300 livres pour congrue, à 26 pour novales au curé, à 20 aux pauvres pour 24ᵉ, et à une somme assez ronde pour impôts.

Enfin, l'*état* de 1765 nous fournit sur le même sujet des détails par lesquels nous clorons cette fastidieuse nomenclature de chiffres.

« Il y a, dit-il, un canton de Choranche qui porte ici (au Pont, dans les cuves du prieuré) la vendange, et produit, année commune, 15 charges de vin...

« Les dismes du prieuré de Choranche sont arrentés aux sieurs Pierre Cuillerier et Perrier, vignerons de Choranche ; le bail à ferme a été renouvelé le 8 novembre 1764, reçu Mᵉ Corteys, notᵒ du Pont-en-Royans, pour 6 années, qui ont pris leur *commencement le jour et feste de Toussaincts 1764*, moyennant le prix de 240 livres, et la portion congrue au curé 300 livres. Les novales, stipulées à 20 livres, la 24ᵉ de ce que nous percevons d'un canton de Choranche, et les décimes, de mesme que le luminaire (15 livres), restent à notre charge. Le terrier dud. lieu est compris dans led. arrentement, dont nous nous sommes réservé la moitié des laods...

« Nos vignes de Choranche ont 28 fosserées de contenu ; la fosserée de vigne est tout ce que un ouvrier peut faire dans un jour. Nous les faisons valloir par un vigneron à prix fait verbalement ; nous lui donnons 41 livres par an, une maison, deux petites terres, que nous lui fournissons à côté de la maison...

« Les fermiers de la pêche de Choranches sont chargés, par transaction faite entre la maison et le seigneur de Sassenage, de nous payer annuellement 60 livres de truittes par année, à raison de 6 livres par mois, les deux mois de la fraye exceptés. Le terme de lad. pension échoit le 3 may et commence aud. jour. Le tout évalué 18 livres (1). »

---

(1) Arch. et fonds cit. ; — MARION, op. cit., p. 359.

La vigne, la terre, « le cellier de Choranches au mas de Saint-Etienne, » la dîme et le terrier que le prieuré du Pont avait au susdit lieu, furent enlevés à ce prieuré par la Révolution.

Eglise Saint-Etienne. — Fondée et devenue paroissiale antérieurement au xiie siècle, l'église Saint-Etienne de Choranche *(ecclesia Sancti Stephani de Chauranchis)* faisait vers 1110 à l'évêque de Grenoble, pour droit annuel de *parée*, un cens de 12 deniers, tandis que le cens payé pour le même objet par l'église Notre-Dame du même lieu n'était que de 6 deniers.

Probablement desservie alors par les religieux établis à Pont-en-Royans, cette église fut, comme tant d'autres, confiée plus tard à un curé séculier. Cette modification avait certainement eu lieu avant la seconde moitié du xive siècle, dont date un pouillé du diocèse de Grenoble mentionnant le curé de Choranche *(capellanus de Chaurenciis)*. Ce lieu était de l'archiprêté d'Au-delà-du-Drac, et ce curé était taxé à 9 livres de décime papale, tandis que celui de Rencurel l'était à 10 livres, celui de Saint-André à 6 livres 15 sous, et le prieur du Pont à 31 livres 15 sous 10 deniers. En 1361, Etienne Brunel, curé des églises de Saint-Etienne et de Notre-Dame de Choranche, arrentait du prieur les dîmes du bénéfice.

Quant aux détails sur l'église et le service divin, en voici quelques-uns, fournis par un ancien registre de visites pastorales. Le lundi 23 juin 1399, Aimon de Chissé, évêque de Grenoble, visitait l'église de Pont-en-Royans, d'où il partait pour le prieuré de Saint-Roman, pendant que le curé de Marches, délégué par le prélat, allait visiter l'église de Choranche *(de Cheuranchiis)*. Celle-ci n'était pas en parfait état. Les livres n'y valaient rien, et le curé avec les paroissiens s'en laissaient mutuellement l'achat et l'entretien. Les fenêtres du chœur étaient sans vitres, et les grilles du chœur, brisées, n'avaient pas porte qu'on pût fermer. A Saint-Etienne était annexée l'église Notre-Dame, où les livres étaient de médiocre valeur, les fenêtres du chœur sans verrières, la pierre des fonts incapable de tenir l'eau, mais renfermant un mortier pour la tenir. Il y avait une chapelle fondée par Pierre Pascal ; le curé du lieu en faisait le service et y célébrait une fois par semaine ; elle avait un revenu de 6 florins par an, et était munie de toutes les choses nécessaires. La paroisse avait 40 feux.

Passons sur d'autres visites pastorales qui y eurent lieu dans le cours du xv⁰ siècle, et consultons le grand pouillé de 1497. Celui-ci, après avoir dit que l'église de Choranche *(de Corenchiis)* est curiale et de l'archiprêtré d'Au-delà-du-Drac, ajoute qu'elle est du patronage du prieuré du Pont et dédiée à Saint-Etienne, qu'elle a pour annexe Sainte-Marie de Choranche. Mais comment les revenus de la cure ont-ils pu descendre à 20 florins, et le nombre des feux de la paroisse à 19 ? C'est cependant ce qu'affirme ce document, généralement si exact (1).

Des actes de 1498, de 1505 et de 1556 nous montrent encore la paroisse sous le titre et patronage de Saint-Etienne. Un autre, de 1561, prouve que la cure du lieu y avait une vigne *sous le Rochas*.

Mais, hélas ! Choranche fut, comme tant d'autres localités, victime des guerres occasionnées par l'hérésie du xvi⁰ siècle, et l'église Saint-Etienne leur dut une ruine déplorable. Un acte de 1634 parle d'une terre du prieuré, laquelle joignait alors « au cimetière et chasal de l'église Saint-Estienne de Belair ou de Choranches, démolie par la fureur et malice du mauvais temps. » Elle confrontait avec « le grand chemin allant du Pont à Saint-Estienne, du vent. »

Il est manifestement à croire que le service divin n'avait plus lieu alors qu'à l'église Notre-Dame. Et cependant, le 10 janvier 1659, sur la présentation du Chapitre de Saint-Antoine, l'évêque de Grenoble donne à frère Pierre Baborier, religieux de cet ordre, « l'église et vicairie perpétuelle de Saint-Etienne de Choranches. » D'autre part, un acte de 1662 parle de « Pierre Bourne, travalheur de St Estienne de Choranches »; un autre, de 1679, parle de « honneste Jean Lyone, habitant de St Estienne en Choranches (2); » et même les Antonins du Pont trouvaient encore, en 1679, « la paroisse de St-Estienne de Choranches. » Evidemment le titre et le nom avaient survécu à la disparition du culte et de l'édifice. C'est ce qui résulte encore d'un petit « Mémoire pour le Pont-en-Royans, touchant la chapelle de Choranches » et « des biens usurpés », rédigé vers la fin du xvii⁰ siècle.

---

(1) Marion, *Cartul. S.Hug.*, pp. 183, 193, 278-9, 292 et 359. — Ul. Chevalier, *Polypt. Gratian.*, nᵒˢ 215 et 242-5; *Visites de Grenoble*, pp. xv, xviii, xxiii, 88 et 162-3. — Arch. et fonds cit. — E. Pilot de Thorey, *Les prieurés de l'ancien dioc. de Grenoble*, p. 224-8.

(2) Minutes de Mᵉ Combe, notᵉ à St-Martin-en-V., protoc. *Gautier* de 1678-81, p. 52.

Voici dans toute son étendue ce document, « qui fait mention come les habitans de Choranches doivent rebastir St-Estienne :

« Feu Pierre Bourne Branchu, mon grand, mourut en la année 1653, âgé de 103 années, lequel disoit que la vigne que François Pourroy possède *au Suchet*, qui confronte la vigne de Monsieur de Sassenage, depandet de Nostre Dame des Anges.

« Item, une autre piesse de terre, lieu dit *au Banperre*, laquelle tient Jean Ulier et Claude Rancoud et Reynard, de la mesme depandance. Il ly a noter que Louis Galiard a hérité les papiers de Phiberes.

« Ledit feu Bourne disoit ausi avoir veu un nommé Monsieur Perrochain qui disoit la Ste Messe à St Estienne de Choranches, et mesme que il résidoit sur le lieu.

« Il faudroit aussi herger quelques papiers chem Pierre Arnaud à Rencurel quil font mantion de Nostre Dame des Anges.

« Il faut aussi chercher cheu Mosieur Chaleon des actes de assemblée et un procès pour la cloche, par lesquels actes ceux de Choranches et autres de delà se sont obligés de rebastir St-Estienne.

« Semblablement, je ay veu a Pielles une pierre de taillie à proches de L'œglize, qui avoit un grand tuf. Voilà pourquoi il seroit bon de chercher quelques papiers pour cela.

« Plus, une autre pièce de vigne et contenant 24 fessorées en tout, à la Rousiolère (1). »

Après ce document, vague dans ses renseignements, nous ne trouvons plus sur Saint-Etienne que ces mots ; « Cellier de Choranches, au mas de Saint-Estienne ou Saint-Estève, » fournis par un inventaire des biens du prieuré du Pont postérieur à 1780 (2).

La nouvelle circonscription des paroisses, à la suite de la Révolution, a fait abandonner définitivement le projet de reconstruire cette antique église paroissiale.

On ne voit plus de l'église Saint-Etienne que des vestiges informes, des restes du mur du chœur qui s'élèvent à peine à un mètre au-dessus du sol. Le quartier où ils sont continue à porter le nom de l'antique patron de Choranche auquel elle avait été dédiée.

Ces ruines sont à 500 mètres au-dessus de la route de Pont-en-

---

(1) En face de ce dernier alinéa, on lit : « T(ient) Rodon Choron. »
(2) Arch. et fonds cit.

Royans à Choranche, près et au-dessus de la nouvelle route du même Pont à Presles, route dont la confection a mis au jour de nombreuses tombes, indiquant d'une manière fort précise le point où était le cimetière de Saint-Etienne.

Passons à l'église Notre-Dame, seule paroissiale depuis que le culte divin a cessé de se faire à Saint-Etienne.

Eglise Notre-Dame. — A ce que nous avons dit incidemment de cette église, il est bon d'ajouter que, fondée apparemment pour faciliter aux habitants de la partie haute de Choranche, sensiblement éloignés de Saint-Etienne, l'assistance aux saints offices et l'accomplissement de leurs autres devoirs religieux, elle formait au commencement du xiie siècle une sorte de paroisse distincte de cette dernière. On ne peut guère en douter, puisqu'elle figure dans le pouillé de cette date comme église distincte de Saint-Etienne, avant elle, et payant à part son cens de *parée (ecclesia Sancte Marie de Chauranchis,* vi *den.)* Son cens est la moitié plus petit, sans doute parce que ses paroissiens étaient moins nombreux et son revenu inférieur.

Mais, quand le service de cette église eut, comme celui de l'autre, passé aux mains des séculiers, c'est-à-dire antérieurement à l'année 1361, les deux églises n'eurent plus qu'un curé, et ne formèrent, au moins de fait, qu'une seule paroisse. Cependant, pour respecter des droits antiques, et favoriser la pratique des devoirs religieux, on laissa à chaque église le plein exercice du culte. C'est ainsi que Notre-Dame, toute simple *annexe* qu'on la dit en 1399, a cependant alors des fonts baptismaux, et que des actes de 1404 et de 1494 parlent de la paroisse de Notre-Dame de Choranche *(parochia beate Marie de Chorenchiis).* Notre-Dame était donc une église et une paroisse *unie* plutôt qu'*annexée*, et, en effet, le grand pouillé de 1497 emploie à ce sujet le terme d'*unita.*

Quand les tristes guerres du xvie siècle eurent amené la chute de Saint-Etienne, et, que celui-ci ne laissa plus que son vocable à la paroisse, le culte fut exclusivement célébré dans l'église Notre-Dame, non détruite ou moins endommagée. C'est là que l'on trouve, en 1654, Vincent Bourget, religieux « vicaire de Choranches, » et avec le titre de curé de ce lieu : en 1658, messire André Royanès, et en 1669 et 1673, Jean-Pierre Pascalis.

En 1675, Pascalis quitta la cure ou vicariat perpétuel de Choranche pour la cure de Saint-Just-de-Claix, par permutation avec Claude Seissier, qui, de Choranche, alla ensuite curé à la Baume-d'Hostun, où il avait ce titre en mars 1679. En cette dernière année et en 1680, Jean Astier était curé de Choranche, où il avait pour successeurs, en 1694 Rivet, en 1706 Marc, en 1728 et 1749 Reynaud (1).

En 1753, date où Choranche est « sous le vocable de l'Assomption de Notre-Dame, » cette paroisse a pour curé Joseph Bernard, que l'évêque de Die pourvoit, le 6 juin 1755, de la cure et des chapelles de Saint-Julien-en-Vercors, dont il est mis en possession le 26 du même mois.

Jean-Baptiste Ravel fut curé depuis 1757 jusqu'à 1777 ; mais le 7 février de cette dernière année, le parlement de Dauphiné rendait un arrêt en faveur de Jean-Baptiste-Joseph-Bernard Feraud, prêtre du diocèse de Senez, résidant dans le diocèse de Die et aspirant à la cure. En conformité de cet arrêt, l'évêque de Grenoble accordait, le 2 mars suivant, à Feraud le *forma dignum* après provisions de « la cure et église parroissialle de Choranche sous le vocable de l'Assomption Notre-Dame. » Le lendemain, le nouveau curé était mis en possession de son bénéfice par Antoine Faure, curé de Saint-Martin-en-Vercors, malgré le refus de donner les clefs de l'église opposé par Ravel (2).

Choranche eut, comme tant d'autres localités, de longues années de déchirements et d'angoisses à l'occasion de la Révolution. Puis, devenu succursale de l'archiprêtré de Pont-en-Royans, et comprenant à ce titre la commune de Châtelus, il a eu successivement pour curés MM. Bellier l'Antonin, qui fit donner une mission; Monier ; Ferrand Girard, promu de là à Rencurel ; Mazet; Combalot; Bully, sous lequel l'église, étroite, écrasée, trop petite, peu propre et peu solide, a été remplacée par une autre. Celle-ci est *convenable*; les RR. PP. de la Grande-Chartreuse ont contribué à sa construction par un don de 4,000 francs.

Après M. Bully, sont venus MM. Brissot et Gelas. Ce dernier tra-

---

(1) Arch. et fonds cit. — Arch. de la mairie d'Echevis, reg. de cathol. — Minutes et protoc. cit., reg. de 1673, f. 157. — Marion, op. cit. pp. 193 et 359. — Chevalier, Visit. cit., p. 88.
(2) Minutes cit.

vaillait depuis 1877, avec autant de zèle que de piété, à sanctifier la paroisse, quand il a été promu, en 1881, à Saint-André-en-Royans. L'œuvre de Dieu fut alors continuée à Choranche par M. Luc Giroud.

Chapelle. — Nous avons déjà constaté l'existence, en 1399, d'une chapelle fondée par Pierre Pascal ; mais le document qui nous l'apprend n'explique pas si elle était à l'intérieur de Saint-Etienne ou de Notre-Dame, ou si, au contraire, elle était construite en dehors (1).

Quant à la chapelle de Notre-Dame-des-Anges, dont il est question dans un mémoire de la fin du xviie siècle, ce n'était apparemment pas autre chose que l'église Notre-Dame ou de l'Assomption. La tradition nous dit que Marie, au jour de sa glorieuse assomption, fut portée par les anges dans le ciel.

Confréries. — Il y a aujourd'hui la confrérie du Saint-Rosaire pour les femmes mariées ou veuves, et celle de l'Immaculée-Conception pour les jeunes personnes. Celle-là fut établie sous M. Gélas, par le R. P. Henry, dominicain de Lyon.

Institutions charitables. — Nous ne connaissons à Choranche d'autre institution charitable permanente et ancienne que celle de la 24e de la dîme payée aux pauvres du lieu.

En 1678, le prieuré de Pont-en-Royans, comme décimateur, payait 27 livres pour la 24e de Choranche et de deux autres paroisses. De 1679 à 1687, il payait 15 livres par an pour celle de Choranche seulement. Cette somme était versée entre les mains du consul et de cinq commis députés par la commune. Cependant, en 1694, le curé Rivet recevait lui-même les 15 livres de la 24e au nom du procureur des pauvres de la paroisse, nommé Jean Rancoud. En 1717, la 24e était exigée en nature. Elle augmenta plus tard en proportion des dîmes elles-mêmes.

Abolie naturellement avec les dîmes par la Révolution, cette institution essentiellement ecclésiastique n'a été remplacée que fort tard par un bureau de bienfaisance dont le revenu est, pour le moment, fort modique.

Institutions scolaires. — Choranche a eu de bonne heure après la

---

(1) Ul. Chevalier, *Visites* cit. p. 88.

Révolution une école mixte, tenue par un instituteur. M. Louis-Hippolyte Brichet en était déjà le titulaire vers 1833.

Les bâtiments scolaires actuels sont neufs et attenants à la mairie.

Il y a eu pendant six ans, de 1875 à 1881, une école libre de filles tenue par Mlle Uzel.

II. — CHATELUS

Bénéfice. — Châtelus a eu son nom écrit de diverses manières au moyen âge. Des tabellions, voulant le latiniser, écrivaient, l'un *mandamentum Castellucii* vers 1100 (1), un autre *Castelutium* en 1253 (2), d'autres *de Castro Lucio* vers 1380, en 1406 et en 1451 (3), ou *de Castrilucii* en 1439 et 1449 (4). D'autres se contentaient de le mettre dans sa forme vulgaire. C'est ainsi qu'on trouve *castrum de Chastellus* en 1260 (5), *castrum de Castellutz* en 1334 (6), *de Chastellus* en 1399 et 1551, *Chastelus* vers 1505 et en 1561, *Chasteleus* en 1613, et *Chastellux* en 1658 (7).

Une première conclusion à tirer de cette variété de termes, c'est que les notaires anciens n'étaient guère mieux fixés que nous sur l'étymologie de Châtelus. Mais de cette obscurité d'étymologie ne résulte-t-il pas encore que Châtelus existait comme colonisation, à une époque déjà bien éloignée de nous? Si, comme on peut le soupçonner, il doit son nom à un de ses maîtres du nom de *Lucius*, qui y aurait eu une sorte de *castellum* ou maison fortifiée, il faut que celui-ci ait vécu dans un temps sensiblement antérieur au XIIe siècle; car Châtelus est déjà qualifié de mandement *(mandamentum Castellucii)* dans une charte écrite vers 1100, et par laquelle Albert de Chatte et Sybille,

---

(1) Giraud, *Chartul. S. Barn. Roman.*, ch. 245.
(2) Columbi, *De reb. gest. episc. val. et Diens.*, éd. 1652, p. 126-7.
(3) U. Chevalier, *Polypt. diens.*, n° 56. — Arch. de la Drôme, fonds de Sainte-Croix et de l'évêché de Die.
(4) Arch. et fonds cit.
(5) Boissieu, *Usage des fiefs*, éd. de 1668, p. 377-9.
(6) U. Chevalier, *Invent. des arch. des Dauphins en 1346*, n° 220.
(7) Arch. cit., *visites de Die*, fonds de Sainte-Croix, et E. 2345. — Minut. cit., n° *150*, f. cxxxiv.

sa femme, donnent à Saint-Barnard de Romans une métairie située *in Aornis*, au mandement susdit, dans le diocèse de Die, et que cultivaient Ebrard et Giraud Costavul et Claret (1).

Or, s'il en est ainsi, la fondation du bénéfice de Châtelus, qui dut y suivre de près, sinon y précéder l'organisation féodale, remonterait au xe siècle pour le plus tard. En tout cas, le bénéfice existait certainement dès 1050, époque où le Royans tout entier était pourvu de toutes les paroisses qu'il eut plus tard, grâce aux Bénédictins de Montmajour, aux religieux de Sainte-Croix, et à d'autres qui s'y établirent.

Relativement aux premiers possesseurs de ce bénéfice, les Antonins de Pont-en-Royans disent, dans des mémoires rédigés au xviie siècle, que « les dismes de Chastelus appartenaient anciennement au prieur du Pont, qui les abandonna » ensuite « au curé de Chastelus, moyennant une redevance ou rente censuelle de six septiers de froment et trois septiers d'avoine. » Quant à la date de cet abandon, elle est certainement antérieure à 1375, année vers laquelle fut rédigé un pouillé de décime papale du diocèse de Die, où le curé figure seul et avec l'observation qu'il n'est pas taxé (1), sans doute à cause de la modicité du revenu.

L'inventaire du prieuré du Pont de 1406 constate que le curé de Châtelus fait annuellement à ce prieuré, selon l'usage, la pension de 8 sétiers froment et de 7 sétiers blé brun ; mais des actes de 1439 n'évaluent plus celle-ci qu'à 6 sétiers froment et 3 sétiers avoine.

Ces derniers actes nous apprennent que les curés de Châtelus faisaient cette pension depuis longtemps, à chaque fête de Toussaint et à raison de leur cure, et que plusieurs de ces curés, notamment Guillaume Chanel, en avaient fait reconnaissance. Mais le curé d'alors, Guillaume Long, devant au prieur, frère Pierre Bayle, 15 sétiers 3 quartaux froment et 10 sétiers 1 émine d'avoine d'arrérages, et pressé par le prieur de les payer, n'avait pas de quoi, vu la petitesse des prises des 3 années précédentes, et priait son créancier de lui faire grâce de ces arrérages.

---

(1) Giraud, loc. cit.
(2) U. Chevalier, *Polypt. dien.*, n° 156 ; — Arch. de la Drôme, fonds de Sainte-Croix.

Le 9 décembre 1439, le prieur voulut bien réduire les arrérages à 8 setiers froment et 4 setiers avoine mesure du Pont. Bien plus, le curé considéra qu'il y aurait avantage pour lui à se libérer des 6 setiers froment et 3 setiers avoine de pension annuelle, en cédant au prieur des dîmes de fonds possédés par des paroissiens et des forains sur sa paroisse, mais près du Pont. Il remarqua qu'il y avait difficulté pour lui à retirer les dîmes de ces fonds pour les porter à sa cure et à son église paroissiale, par une ascension fort considérable. En conséquence, lesdits jour et an, il remit au prieur toutes les dîmes (légumes exceptés) que faisaient précédemment à sa cure Jean Raias et son gendre, Pierre et Antoine Pascal, autrement dits de Bourne, Pierre et Jean Souffrey autrement dits Chambre, du Pont, Pierre Rambert et Renaud Pascal son gendre, et Berton Bayle, notaire du Pont. Toutefois, le curé serait libre de recouvrer ces décimes en se remettant à servir la pension et à en passer reconnaissance. La transaction ne devait valoir que jusqu'au jour où un des contractants laisserait son bénéfice.

Après la délivrance, le 25 mars 1556, par frère Jean Villars, curé du Pont, à Me Chaix, de l'acte de transaction sur le fait de la pension servie par le curé de Châtelus au prieuré du Pont, on trouve la reconnaissance que François Rey, curé dudit Châtelus fit à ce prieuré le 28 mai 1561, de 6 setiers froment et 4 setiers autre blé, c'est-à-dire « moitié espeaute et moitié avoine, » de pension annuelle.

Sans doute interrompus pendant les guerres civiles, la reconnaissance et le service de cette pension étaient de nouveau en cours dès 1611, et, le 4 février 1626, Jean Le Blanc, curé de Châtelus, reconnaissait « tenir du fief et seigneurie directe » du Chapitre de Saint-Antoine, comme prieur du Pont, « les biens de la cure de Châtelus, sous la cense reconnue par Rey en 1561. »

Aussi, Pierre Bessée, curé de Châtelus et d'Echevis, ayant négligé de payer la pension, les Antonins lui firent signifier, le 19 juillet 1640, d'avoir à en payer les arrérages et à en passer reconnaissance. Après diverses procédures, un arrêt du Parlement de Grenoble du 2 septembre 1644 condamnait Bessée à payer ces arrérages sur le pied de 6 setiers froment et 3 setiers avoine par an. Il l'obligeait aussi à payer nouvelle reconnaissance aux demandeurs, « si mieux led. deffandeur n'aymait accepter les offres à luy faictes de sa portion congrue, » en quittant « tous les biens et rentes dépendantes des cures de Chastelus et Echevis, en ce non compris ceux de la chapelle, et à la réserve aussi de la maison curiale, jardins et parcours. » L'arrêt fut signifié le 1ᵉʳ juillet 1645.

Le triomphe des Antonins ne fut pas définitivement assuré. Un peu plus tard, le prieur de la Sône, dépendant de l'abbaye de Montmajour près Arles, s'arrogeait la pension en question et le patronage de la cure de Châtelus, bien que ce dernier bénéfice ne figure nullement sur le catalogue général des possessions de Montmajour, Aussi un procès-verbal de visite épiscopale de 1658 porte que les revenus de Châtelus « sont déclairés conjointement avec ceux d'Echevins, où le prieur de la Sounne prétand mesmes droict qu'audict Eschevins, lesd. benefices des Chastelux et Eschevins ayant esté servis conjointement par un mesme curé. » Ces revenus consistaient dans la dîme, exigée à la cote 24 et montant, avec celle d'Echevis, à 42 sétiers. Sur cela, il fallait prélever « les décimes » et autres charges.

Pa suite, Louis Milliou, devenu curé de Châtelus et d'Echevis, refusa de payer aux Antonins le terme de leur pension échu à la Toussaint 1664, et, sur les réclamations du Père Baborier, prieur du Pont, il répondit à celui-ci que, nouveau venu à la cure de Châtelus, il ignorait ce qu'il en était de cette pension et voulait que le prieur exhibât ses titres. Ce dernier ayant fait procéder, le 8 mai 1665, « à gaigement des dixmes de 6 habitants, Milliou adressa requête à la Cour, afin d'être reçu opposant à la saisie. De là des procédures, au cours desquelles Milliou répondit « que la mesme rante qui luy était demandée » par les Antonins « luy était aussy demandée par noble Jean-Baptiste Boffin, prieur de la Saune, patron de lad. cure de Chastelus et Eschevis. » Celui-ci, dit Milliou, s'en était « faict passer recognoissance le 7 febvrier dernier audit curé, pardevant Mᵉ Chastenay notᵉ, ce qui luy avait donné subjet de ne payer pas » aux Antonins « sans savoir qui était le véritable patron. » Il ne voulait pas payer à deux la même chose. Il allait donc, au péril des Antonins, faire assigner led. de Boffin, afin qu'ils démêlassent entre eux quel était le véritable patron. Cependant, le 7 août 1665, Milliou faisait reconnaissance de la pension, les Antonins relâchaient les biens séquestrés, et, en octobre 1667, Milliou s'était libéré de tous arrérages de cette pension,

Cependant, Milliou ayant laissé Châtelus à la fin de 1676 pour desservir uniquement Echevis, Thomas Lagier lui avait succédé à Châtelus et refusait de faire reconnaissance de la pension aux Antonins et de la payer. Un procès, d'abord engagé devant le vibailli de Saint Marcellin, fut porté au Parlement ; Lagier adressa, le 3 janvier 1678, au Conseil du roi une requête aussi contraire à Boffin que ses autres procédures l'étaient aux Antonins, et le 10 juin 1678 la grande chancellerie de France donna des lettres évoquant le prieur de la Sône au Conseil du roi. Après beaucoup de formalités, le Grand Conseil rendit un arrêt confirmant l'arrêt du 2 septembre 1644 en faveur des Antonins, et maintint à Lagier le titre de curé de Châtelus. Quant au droit de patronage, de présentation à la cure, et de visite, prétendu par le prieur de la Sône, il « ordonna que dans deux mois, pour tous délays, à la diligence dud. Lagier, l'évesque de Valence serait allégué et mis en cause, » pour être ensuite ordonné ce qu'il conviendrait. L'arrêt est du 30 janvier 1679.

Nous ne savons si l'évêque fut favorable à Boffin, mais, le 15 avril suivant, celui-ci faisait séquestrer des dîmes de Châtelus, ce qui n'empêchait pas les Antonins d'en faire autant le 5 juillet de la même année, et un accord du 29 mai 1681 suppose que le prieur de la Sône possède les dîmes de Châtelus, où Lagier n'est plus curé, et le droit de patronage de la cure. De plus, en suite d'une déclaration du roi du 27 janvier 1686, le curé opte, la même année, pour la portion congrue, au lieu des dîmes et autres revenus de la cure, qu'il abandonne au prieur de la Sône et dont celui-ci a en 1687 la présentation à l'ordinaire. Boffin succédait donc au curé comme débiteur de la rente aux Antonins, mais il voulait s'en libérer, au moins à prix d'argent. De là suivit une foule de procédures devant le Conseil du roi, qui durèrent jusqu'à 1699 et se terminèrent par la conservation aux Antonins de leur rente annuelle de 6 sétiers froment et 3 sétiers avoine dont ils jouissaient encore en 1765. Cette pension, d'ailleurs, est tout ce que les *Etats* du prieuré du Pont, rédigés par les Antonins eux-mêmes, leur attribuent sur Châtelus pour cette époque ; ce qui prouve manifestement que les dîmes de ce lieu, affermées 400 livres en 1759, ne leur appartenaient pas comme l'a dit un auteur.

Un rapport officiel de 1704 nous apprend que la cure, alors à la portion, avait 3 ou 4 sétiers de grains de novales ; que la dîme, appartenant « à M. l'abbé de la Saune », n'excédait pas la portion de 20 écus, et était chargée de la pension due aux Antonins ; que le casuel était très modique.

Du reste, le bénéfice de Châtelus, que les visites pastorales de 1729 attribuent expressément à Montmajour, dut suivre le prieuré de la Sône dans son changement de dépendance lors de la suppression de Montmajour même par le roi en 1786 et par Pie VI en 1787. Quant à la pension des Antonins du Pont, elle avait passé déjà, avec le prieuré de ce lieu, à la commanderie de Sainte-Croix, lors de l'annexion des Antonins aux Chevaliers de Malte en 1775 (1). La Révolution se réservait de détruire tout cela.

Eglise paroissiale. — Certainement fondée avant le xiie siècle, et probablement desservie alors par les religieux de Sainte-Croix, qui avaient des prieurés au Vercors et un à Pont-en-Royans, cette église dut être confiée, vers la fin du xiiie siècle, à un prêtre séculier. Toujours est-il que vers 1375, nous trouvons *l'église paroissiale de Saint-Martin de Châtelus* aux mains d'un curé qui percevait les dîmes de la paroisse, moyennant la pension dont nous avons parlé, payée par lui au prieuré du Pont.

Parmi les titulaires de la cure, on trouve d'abord Guillaume Chanel, qui reconnut cette pension, puis Guillaume Long, qui, en 1439, s'en déchargea pour quelques temps en cédant au prieur des dîmes sur fonds proches du Pont.

Des pouillés du diocèse de Die pour 1449 et 1451, contenant la taxe annuelle des droits épiscopaux de visite et de procuration, nous apprennent que le curé de Châtelus payait pour cela 4 florins par an. Celui de 1451 porte que le titulaire versa l'argent en quatre fois entre les mains du receveur; mais il n'en dit pas le nom (2).

Pierre Bosson, curé de Châtelus, figure comme témoin d'un acte fait au Pont dans la maison de la sacristie, le 8 août 1483. François Rey, son successeur dès 1561, est un peu mieux connu. En effet, le 7 mars 1564, par acte reçu Guichard notaire, Mathieu Bergier, curé du Pont, et François Rey dit Magny, curé de Châtelus, prenaient à

---

(1) Arch. cit., fonds de Sainte-Croix, id. de Saint-Jean-en-R., *visites de Die.* — F. de Marin de Carranrais, *L'Abbaye de Montmajour*, p. 141-8 et 155-6. — Fillet, *Colonies dauph. de l'abbaye de Montmajour*, passim. — Dassy, *Essai histor. sur l'abbaye de Saint-Antoine*, p. 339-53.

(2) Arch. cit., fonds de Sainte-Croix et de l'évêché de Die.—Chevalier. *Polypt.* cit.

ferme pour trois ans les revenus du prieuré du Pont; puis, le 19 janvier 1565, Rey fournissait pour caution aux Antonins, à raison de cette ferme, Jacques de Lers, qui plaidait encore avec ces derniers en janvier 1567, à l'occasion de son engagement.

Nous voici à une époque de guerres civiles. Châtelus était trop rapproché du Pont, et son église trop voisine du chemin du Pont au Vercors par l'Allier, pour ne pas subir de désastre. Nous n'avons aucun détail sur les événements tragiques dont Châtelus fut le théâtre pendant le reste du xvi° siècle; mais, hélas! l'état de son église au commencement du xvii° siècle nous dit assez que cette dernière avait été, sinon détruite par violence, du moins longtemps abandonnée. En effet, nous avons le procès-verbal d'une visite canonique faite à Châtelus, en 1613, par Jean Varnier, vicaire général, et il nous apprend ce qui suit :

Varnier est introduit dans l'église par Jean Le Blanc, déjà curé du lieu en 1611. Il fait ensuite diligence pour « trouver les consuls ou autres habitants catholiques, » afin de « leur représenter les manquements de réparations de lad. églize; » mais il ne peut « jouir de leur présence. » Il ordonne du moins à Le Blanc de bien faire son devoir, de tenir fidèle registre des baptêmes, mariages et sépultures, et, puisqu'il est décimateur, de faire « rééditier le presbitère » ou sanctuaire « de lad. églize, qui est descouvert, et dans iceluy » faire « dresser un autel et une image du crucifix, de la vierge Marie, ou Saint-Martin, patron de lad. églize, et le tout mettre en bon estat dans six moys. »

Les habitants catholiques « et autres y estant tenus par les constitutions canoniques et ordonnances de Sa Majesté, » dit Varnier, « fairont rebastir » dans le même terme « la nef d'icelle églize, qu'avons trouvé entièrement ruinée, icelle fairont couvrir et mestre en bon » état. Ils « la fourniront et meubleront de croix, calice, chappes, chasubles, tabernacle, ciboire, cremoires, fonts baptismales, benistiers, cloches, livres et autres ornements necessaires. » Ils « fairont fermer et clore leur cimetière et empescheront que les corps de ceux de la religion prétendus réformée y soient inhumés. »

L'ordonnance souffrit du retard dans son exécution; car, après Le Blanc, encore curé en 1626, vint Pierre Bessée, au poste dès 1640, et qui eut bien à faire à ce sujet. Ainsi, le 19 septembre 1658, Daniel de Cosnac, évêque de Valence et de Die, visitant Châtelus, où il était reçu par Bessée, trouvait le chœur de l'église voûté, mais ni blanchi ni pavé. La nef était « en partie en estat; pour le reste, » on avait « bailhé à pris faict pour l'acomoder. » Le cimetière, « joignant l'église, » servait pour catholiques et pour huguenots ; la maison curiale était en ruines ; il n'y avait pas de fonts baptismaux, et pas d'autres ornements qu'une aube, un rituel, un missel, des chrémières, une pierre sacrée, deux nappes, un calice et sa patène d'étain. La paroisse était servie conjointement avec Echevis par un seul curé. Le prélat ordonna que Châtelus aurait un curé à lui seul, dès qu'on pourrait y pourvoir ; que les décimateurs feraient blanchir, tabler ou boiser le chœur, fourniraient un tableau, un crucifix pour mettre sur l'autel, un calice ayant au moins la coupe d'argent avec patène de même, une aube, etc. ; que les habitants feraient « blanchir, tabler ou boisser la nef » dans le délai de six mois, et rebâtir la maison curiale dans le délai d'un an. Ordre au curé de faire « la doctrine tous les dimanches » et de tenir registre des baptêmes, mariages et sépultures. Défense aux huguenots « de plus enterrer dans le cimetière des catholiques, » et aux curé et habitants catholiques de le souffrir.

Bessée fut remplacé avant 1664 par Louis Milliou, natif « d'Alon, » diocèse de Senez, qui quitta Châtelus à la fin de 1676 pour desservir exclusivement Echevis.

Dès 1677, Thomas Lagier dessert Châtelus, mais il le quitte en 1679, et en juillet de cette dernière année Mgr de Cosnac donne les fonctions curiales du lieu à un Antonin du Pont, le R. P. Thevenin, jusqu'au retour ou au remplacement de Lagier. Puis la cure est donnée à François Morel, prêtre du diocèse d'Embrun.

Sous ce dernier, en 1687, époque où il était âgé de 45 ans, la nef de l'église était en mauvais état ; le revenu était de 300 livres ; le cimetière était clos d'une palissade, et la maison curiale bâtie à neuf. Il y avait neuf familles de *nouveaux convertis*. Les ornements consistaient en un tabernacle doré, un ciboire, un soleil d'argent, un petit ciboire pour le viatique, 6 chandeliers dorés et 4 en bois, un calice avec patène d'argent, 7 nappes, 2 surplis, 2 aubes, 2 ceintures, une chasuble de ligature, etc. La population totale avait bien quelque importance, puisque la paroisse, de l'élection de Valence, faisait 4 feux 1/12 et 1/54.

Morel était, dès 1694, remplacé par Jean Giroud, et, 4 ans après, la cure de Châtelus faisait partie de l'archiprêtré de Vercors. Pour les conférences, le curé était de la seconde assemblée, présidée par le curé de Saint-Jean-en-Royans (1).

Après Giroud, on trouve pour curés : en 1702, Charles Vallenson, du diocèse du Puy, devenu curé de Saint-Laurent en 1703 ; en 1706, Meillan ; en 1726 et en 1735, Joseph Darène, prêtre du diocèse de Riez en Provence, bachelier en droit et prieur de Saint-Just-de-Claix. Sous ce dernier, la paroisse avait environ 150 communiants et le mobilier était encore aussi insuffisant que pauvre. La voûte de l'église était à reblanchir en 1729, et réclamait en 1735 la construction d'un éperon en dehors, du côté gauche en entrant, contre le pilier, insuffisant pour soutenir la muraille et cette voûte. Sur la démission de Joseph Darène, l'évêque donna la cure en 1735 à Jean Darène, aussi du diocèse de Riez, alors encore acolyte, et que son prédécesseur suppléa pour quelque temps à Châtelus.

Promu en 1755 à la cure d'Echevis, Jean Darène fut remplacé à Châtelus par Joseph Faure, puis dès 1760 et encore en 1789 par Antoine Barthélemy, auquel succéda M. Faure, curé du lieu en août 1790.

Après la tourmente révolutionnaire, l'église de Châtelus reçut les réparations nécessaires pour la célébration du culte, mais la paroisse ne fut pas rétablie. Le territoire, érigé en commune, fut uni au canton de Pont-en-Royans, par conséquent au département de l'Isère, et fit partie, à titre d'annexe, de la paroisse de Choranche, dépendante elle-même de l'archiprêtré de Pont-en-Royans.

Pendant longtemps le curé de Choranche a biné tous les dimanches, en été, dans l'église de Châtelus. Mais l'excès de fatigue imposé par ce service, et surtout le mauvais état de cette église, ont naguère déterminé l'autorité épiscopale à supprimer le binage. Cependant l'éloignement de Choranche et la convenance du cimetière de Châtelus ont fait conserverver à ce dernier lieu la sépulture de ses morts.

Le mieux à faire pour faciliter aux habitants de cette ancienne paroisse l'accomplissement de leurs devoirs religieux, serait d'ériger la commune en succursale. L'église, presqu'isolée de toute habitation,

---

(1) Arch. cit., *visites* cit. et fonds de Sainte-Croix. — Guy-Allard, *Diction. du Dauphiné*, I. 268. — *Ordonn. synod. de Die*, Grenoble, 1698, p. 56.

est cependant à peu près centrale. Il suffirait de la restaurer, de compléter son mobilier, en pauvre état aujourd'hui, sauf l'autel, qui est joli, quoique un peu usé, et de relever la maison curiale. La population, par son chiffre de 235 à 240 habitants, aurait d'ailleurs bien quelque droit à l'érection dont nous venons de parler et que réclame le bien spirituel, le salut des âmes.

Chapelle Saint-Roch. — Il y avait à Châtelus, en 1688, « une fondation de 7 livres 10 sols, » dont on distribuait « 3 livres 18 sols aux pauvres et le reste en messe, fondés par Claude Chovin, de la Religion P(rétendue) R(éformée). »

Nous pensons que cette fondation est celle de « la chapelle ou chapellenie de Saint-Roch, fondée et desservie dans l'église paroissiale de Châtelus, » chapelle dont il est question dans divers actes du XVIIIe siècle.

Celle-ci fut donnée le 25 août 1754 à M° Jean Duchesne, clerc minoré de Paris, y demeurant, rue Saint-Victor, au séminaire et paroisse Saint-Nicolas-du-Chardonnet, » lequel, par acte du 3 septembre de lad. année, reçu Mes Jarry et Desmeure, notaires au Châtelet de Paris, charge Mre Louis-André Gilly, vicaire de Saint-Agnan, de prendre posssssion, en son nom, de lad. chapelle et de toutes ses appartenances. Aussi, le 16 octobre 1754, Gilly fut mis, audit titre, en possession de cette chapelle par Joseph Malsang, prêtre, prieur de Saint-Just-de-Claix, résidant à Die.

Le 10 octobre 1761, cette chapelle, devenue vacante, était donnée par l'évêque de Die à Jean Barthélemy, clerc tonsuré, de la paroisse de Glandage, qui en était mis en possession le 20 du même mois par Jean Darène, curé d'Echevis.

Après quarante ans encore d'existence, les droits et le service de cette chapelle sombrèrent, comme tant d'autres fondations, dans les flots de la Révolution.

Institutions charitables et scolaires. — Châtelus a eu sa 24e de la dîme, généralement distribuée en nature aux pauvres, là comme ailleurs, par le curé et autres autorités locales. Il faut encore signaler ici la fondation d'une aumône annuelle de 3 livres 18 sols à distribuer aux pauvres. Elle fut faite par Claude Chovin, comme nous l'avons dit en parlant de la chapelle Saint-Roch.

En 1687, la localité n'avait point de maître d'école; mais plusieurs fois le curé fut engagé par l'évêque à suppléer au manque d'instituteur (1).

Depuis déjà bon nombre d'années, il y a dans la commune une école mixte tenue par un instituteur.

L. FILLET.

---

(1) Arch. de la Drôme. *visites* cit. — Arch. de la mairie d'Echevis. — Minutes cit.

Imprimerie BREYNAT & Cie, Grenoble.

www.ingramcontent.com/pod-product-compliance
Lightning Source LLC
Chambersburg PA
CBHW060442050426
42451CB00014B/3206